Descaminhos

poesia de corpo, alma e coração

Jéssica Jardim

Descaminhos

poesia de corpo, alma e coração

Descaminhos: poesia de corpo, alma e coração © Jéssica Jardim, 09/2022
Edição © Crivo Editorial, 09/2022

Edição e revisão: Amanda Bruno de Mello
Projeto gráfico e diagramação: Lila Bittencourt
Capa: Vitória Maria Jardim Rodrigues
4º Capa: Fábio Brust e Inari Jardani Fraton – Memento Design & Criatividade
Coordenação Editorial: Lucas Maroca de Castro

Dados Internacionais de Catalogação na Publicação (CIP) de acordo com ISBD

J37d	Jardim, Jéssica
	Descaminhos: poesia do corpo, alma e coração / Jéssica Jardim. - Belo Horizonte, MG : Crivo Editorial, 2022.
	128 p. ; 13,6cm x 20,4cm.
	Inclui índice
	ISBN: 978-65-89032-44-1
	1. Literatura brasileira. 2. Poesia. I. Título.
	CDD 869.1
2022-2916	CDU 821.134.3(81)-1

Elaborado por Odilio Hilario Moreira Junior - CRB-8/9949

Índice para catálogo sistemático:

1. Literatura brasileira : Poesia 869.1

2. Literatura brasileira : Poesia 821.134.3 (81)-1

Crivo Editorial
Rua Fernandes Tourinho, 602, sala 502
30.112-000 - Funcionários - Belo Horizonte - MG

⊕ www.crivoeditorial.com.br
✉ contato@crivoeditorial.com.br
f facebook.com/crivoeditorial
⊙ instagram.com/crivoeditorial
⊕ crivo-editorial.lojaintegrada.com.br

Aos navegantes que, podendo ficar, escolheram partir, na busca de se encontrar. Os caminhos, todos eles, pertencem a vocês, assim como as palavras deste livro.

Porque onde estiver o vosso tesouro,
aí estará também o vosso coração.

MATEUS 6:21

Sumário

Prefácio   11

CAPÍTULO UM
DE VOLTA À ESSÊNCIA   **13**

Portas   14
Descaminho   15
Superfície   16
Semente   17
Sinto muito   18
Não demore   19
Tempo   20
Desvestir   21
Alcance   22
Vazio   23
Escolha   24
Fuga   25
Dançando à meia-noite   26
Acalanto   28
À flor da pele   29
Tentativa   30
Escrita   31
Sob controle   32
Sementeira   33

Leve	34
Maré	35
Você	36
Poetizando	38
Um pouco mais	39
Roupas no varal	40
Planos	41

CAPÍTULO DOIS
RESSIGNIFICANDO PALAVRAS   43

Absurdo	44
Casa	45
Nome	46
Lua	47
Nós	48
Opostos	49
Querer	50
Entrega	51
Proposta	52
Fantasia	53
Esperança	54
Tropeço	55
Embrulho	56
Arremesso	57
Queda	58
Impressão	59
Versos	60
Bússola	61
Carinho	62
Amor	63

Paixão	64
Oração	65
Palavra	66
Ligações perdidas	67

CAPÍTULO TRÊS
EMOLDURANDO VERSOS — **69**

Aviso	70
Avesso	71
Inteiro	72
Sonho	73
Amenidades	74
Fases	75
Gente grande	76
Solitude	78
Fluidez	79
Abismo	80
Brisa	81
Entrelinhas	82
Truco	83
Bagagem	84
Cortinas	85
Fotografias	86
Ofício	87
Aviso	88
Desafio	89
Ventania	90
Vestes do amor	91
Mulher	92
Abrigo	94

Vestes	95
Rota	96
Outono	97
Pretexto	98

CAPÍTULO QUATRO
DESPERTAR DA FANTASIA   **99**

Sereia	100
Alto-mar	101
Pirata	102
Cabeça de vento	103
Filhos do tempo	104
Castelos	105
Festa	106
Chá da tarde	107
À mesa	108
Sentidos	109
Chaves	110
Lugar	112
Viagem	113
Passarinho	114
Bicho ferido	115
Bicho do mato	116
Fêmea	117
Cigana	118
Guarda-chuva	120
Guarda-sol	121
Tempestade	122
Deserto	123
Estrela cadente	124
Que assim seja	126

Prefácio

Recebi com alegria o convite para prefaciar a obra *Descaminhos – poesia de corpo, alma e coração*, de Jéssica Jardim. Entusiasma-me ver jovens de todas as idades dedicando-se à escrita, seja ela em prosa ou poesia. A autora é um deles.

A obra, definitivamente, cumpre o que promete. Percebe-se, a cada verso, que há um desabafo da alma, uma confissão do corpo, um retrato do coração.

O leitor, ao passar por cada poema, será levado a refletir sobre a transitoriedade da vida, como em "Portas", a se lembrar de momentos com amigos, como em "Pretexto", ou a sentir toda a inspiração que a solidão episódica pode nos trazer, como em "Dançando à meia-noite".

Recomendo, fortemente, a leitura da obra. Mas recomendo que seja feita de forma espaçada, um poema por dia. Assim, você poderá desfrutar do talento da autora e vivenciar a memória que cada poema há de lhe trazer.

Parabenizo a Jéssica pela ousadia de escrever. Expor-se, por meio da escrita, é um ato de coragem. Talento ela tem em grande medida. Que continue.

Samer Agi

CAPÍTULO UM

De volta à essência

Por aqui nada é raso,
é na superfície do ser que
transborda o que há por baixo.

PORTAS

Eu gosto de portas.
Gosto de pensar sobre onde nos levam.
Caminhos que se abrem, outros que se fecham.
As flores suavizam as fachadas,
Enfeitam do lado de fora,
Um prelúdio do que há por dentro (ou não).
Nem toda porta é de entrada,
Pode ser que a cor já tenha ficado desbotada,
E o que resta é passar.
Escolher partir, permanecer, perpetuar
É o que representa a porta ao longo do caminhar.
Nem toda porta é acolhedora,
Algumas são só escolhas, só passagem, só saída.
Algumas são retorno, maçanetas enferrujadas
De vidas que se abriram por ali.
Talvez gostar de portas seja uma analogia
Aos diversos caminhos aos quais podemos chegar,
Abrir e ficar,
Sair e se encontrar.
Nem toda porta é um lugar,
Algumas são um mero despertar.

DESCAMINHO

Eu achei que era certo, que o traço era reto,
Que, em meio ao descompasso da vida,
Eu tinha uma direção.
Não que exista um só caminho, pelo contrário,
Mas eu sempre imaginava um exato destino.

Recalcular a rota, dar meia-volta,
Levantar o mastro e ajustar as velas,
Retomar o controle da embarcação,
Nem sempre é fácil mudar a direção.

Nenhum caminho está traçado,
Apesar de mapeado,
É você quem toma a decisão.

A jornada também é destino,
Mas, se cansar no meio do caminho,
Terra à vista para aportar.
Pés firmes no chão,
Os passos guiam a intuição,
Para um lugar que faça sentido
Nesse caminhar.

E, no compasso da vida,
Vi que bússolas perdidas
Também mostram a direção.

SUPERFÍCIE

A vida deu uma mexida,
Não que eu não soubesse dos reveses que ela pode dar,
Mas preparada a gente nunca está.
Quando tudo mudou do lado de fora,
Precisei olhar para o lado de dentro.
Não que eu não soubesse da profundidade que havia por lá,
Mas preparada a gente nunca está.
Do lado de dentro nada é raso, o mergulho é intenso,
Tem muito mais do que você pode supor ou imaginar,
Mas é você quem descobre o que há por lá.
É você que precisa ir às profundezas para, quando emergir,
Voltar a respirar.
Quando tudo mudou do lado de fora,
Eu mergulhei em mim
E, ao retornar, descobri que há tanto a explorar,
Por aqui nada é raso,
É na superfície do ser que transborda o que há por baixo.

SEMENTE

Quando se é semente, do lado de dentro há proteção,
Aconchego, recolhimento.
Faz parte ser semente,
Mas faz parte deixar de ser.
Faz parte romper a casca,
É quando a pequenez é traduzida em uma intrépida entrega.
Entrega quem confia e, apesar de temer o resultado,
Ao ir para o lado de fora,
Sabe que só assim fortalecerá raízes profundas do lado de dentro.
Faz parte ter medo,
Mas faz parte continuar,
É no romper da casca que o ser está pronto para desabrochar,
É no lançar de si que é possível despertar.

SINTO MUITO

Sinto como quem sente além da conta,
Não como quem se desculpa.
Não me desculpo pelas minhas escolhas,
Apenas pelos meus equívocos,
Reconheço e não me esquivo.
Mas, quanto a sentir,
É muito, é tanto,
Sabe quando você leva um soco na boca do estômago?
Não sei, mas imagino e sinto.
Como se uma arapuca de palavras, ao ser ouvida,
Desse calafrios que percorressem o interior do seu corpo
E se concentrassem em um único golpe.
Sinto, sem ressentimentos,
Aceno e sigo.
Não se deve voltar a lugares dos quais sua intuição
    [tenha pedido para sair.
Além de golpes certeiros, sinto
Os prazeres de sensações inebriantes.
Sabe quando você dá uma mordida na sua comida preferida?
Imagino e sinto.
Como se aquela onda de contentamento e alegria
Desse uma satisfação que percorresse o interior do seu corpo
E se expandisse até romper um involuntário sorriso.
Então
Aceno e sigo,
Quero continuar assim, sentindo.

NÃO DEMORE

Onde quer que esteja, não atrase o passo,
Não procure espaço em lugares que não te pertencem mais.
Você sabe, é claro que sabe,
Onde o amor não está sendo servido,
Ali não te cabe.
Não demore.
Fechar ciclos é correr riscos,
Quem se acomoda está sempre à margem de realizar-se.
O que pulsa em suas veias e o que te faz seguir
Tem a força de te levar para onde você deseja ir.
Não demore.
Prossiga existindo no que te faz vibrar.
Porque, se o tempo é implacável,
Não faça dele uma desculpa
Para te parar.

TEMPO

Entre ponteiros e calendários,
Ele não faz parte de nada que tenha sido inventado.
É relativo, é astuto.
Chega sem anunciar.
Quando passa, deixa marcas profundas
Nos que tem coragem, nos que tem audácia.
Feito de quê? Por quê? Para quem?
Ele não é desses que só aparecem quando convém.
Está aqui e sempre esteve,
Está de passagem e sempre estará.
Senti-lo não é escolha, é inevitável.
E na sua cabeça, no que ele te faz pensar?
De tudo o que ele tem para oferecer,
A maior lição é que ele vem para ensinar.
Cabe a você aprender e desfrutar.
Ele te trouxe até aqui e, um dia, sei que te levará.
De tudo o que vai e vem, é ele que permanecerá.
De tudo o que você pensa controlar,
Só sua essência é o que vai restar.
E, quando ele for implacável,
Você terá motivos para se orgulhar?

DESVESTIR

Tirei algumas peças do guarda-roupas,
Algumas coisas que não servem mais,
Joguei fora alguns papéis dobrados,
Canetas sem tinta, bilhetes espalhados.
Em mim não cabiam algumas camisas,
Lembranças, certezas e lugares.
Perceber quem se foi para assumir quem se é
Não é confortável,
Algumas roupas parecem tão adequadas,
É fácil mantê-las no armário.
Descobrir novos gostos, caminhos,
Olhares, contornos
Me parece inadiável.
Saber que quem se foi está no passado
É um salto
De liberdade rumo ao inesperado.
E o frio na barriga?
Ah! Que permaneça!
Enquanto pudermos viver tudo o que pode ser mudado.
Daqui em diante, prazer,
Talvez você não tenha me encontrado,
Vem comigo, no caminho explico,
Caso não esteja familiarizado.

ALCANCE

De todos os passos que já dei,
De todos os planos que já tracei,
Das previsões que adivinhei,
Dos sonhos que sonhei,
Das verdades que acreditei,
Das histórias que contei,
Das batalhas que lutei,
Das linhas que escrevi,
Dos sorrisos que abri,
Das casas que entrei,
Dos livros que li,
Dos castelos que construí,
Das armaduras que vesti,
Das escolhas que fiz,
Dos labirintos em que me perdi,
Das montanhas que escalei,
Das águas profundas que mergulhei,
Das músicas que dancei,
Das pessoas que encontrei,
Das pontes que cruzei,
De um destino que percorri e no qual me encontrei,
De tudo que vejo e sinto,
O próximo passo ainda não sei,
Só pressinto
E me lanço,
Me arremesso,
Me exponho, expando,
Me atiro e consinto,
De tudo que foi e ainda será,
O tempo tem se mostrado meu melhor amigo.

VAZIO

No vazio não me encaixo,
Ele requer muito espaço,
Eu sigo, eu passo,
Olhar para o vazio é focar no abismo,
Distante, desconexo, frio,
Meu pertencimento está no todo,
No tudo, no muito,
Se não me agrega, não tem conteúdo.
Pratos, retratos, contratos
Se estilhaçam no vazio.
É no integrar, no exceder e doar
Que todo sentido se enche de vida,
Que toda vida se expande ao se encontrar.

ESCOLHA

Onde quer que esteja indo,
No percurso existe abrigo.
Escolha as sombras onde vai repousar,
Os caminhos pelos quais vai passar,
As músicas que quer dançar,
Os vestidos que vai usar,
Os sentidos que quer despertar,
Os passos que pretende dar,
Escolha
A vida que quer levar.
Mas, de tudo isso, saiba,
As certezas podem mudar.
Então siga
Em novas ruas, estradas, destinos,
Encontre sombra nas árvores para descansar,
Novos ventos para te levar,
Músicas que te fazem viajar,
E dance.
Tire os sapatos, o vestido
E algumas convicções do lugar.
Porque, de tudo que se escolhe,
Sempre há mais no caminho
Do que um dia você pôde imaginar.

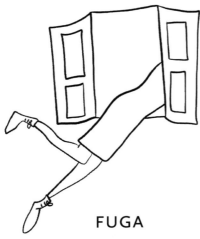

FUGA

Fugir nunca esteve nos meus planos,
Escapar de si é um completo desatino.
Das linhas que escrevo,
Dos caminhos que traço,
Reconheço onde devo ou onde não me encaixo.
No meio da encruzilhada não me perco,
Mesmo que a escolha seja obra do acaso,
Não me disperso, é melhor sentir cada passo,
Fazendo do caminho meu espaço.
Fugir nunca esteve nos meus planos,
Me encontrar quando estiver perdida
Faz mais sentido para os meus desenganos.

DANÇANDO À MEIA-NOITE

Tirei os sapatos,
Usava um vestido leve,
Coloquei um jazz,
Sim, comecei a ouvir jazz e bossa nova,
Aliás, recomendo, para algumas ocasiões.
Debrucei-me na janela,
Olhei o céu, observei os carros,
Estava nublado,
Os galhos das árvores balançavam com o vento,
Como quem acompanhava
O ritmo do som que vinha do lado de dentro.
No ápice da música,
Dancei
Como quem não sente o chão,
O vestido
Ou as batidas do coração.
Foi genuíno.
Os passos guiados por um leve soprar
Do vento ao meu ouvido,
Era uma noite amena,
A rua esvaziava,
Eu rodopiava,
A música percorria cada poro,
Cada passo, cada pelo,
Eu sentia, girava e sorria.
No final daquela dança,
O céu se abria,
Como quem chamava,
Como quem dizia
As cortinas estão se abrindo,

O vento veio te levar,
Para que, na próxima canção,
Você dance sob a luz do luar.

ACALANTO

O cheiro da hortelã subia
Enquanto a água da velha caneca de prata fervia.
A noite estava fria e, pela fresta da porta aberta,
O vento e a luz que vinham do quintal intervieram
Naquele momento.
Era a lua que clareava e, imagino,
Aquele vento, vindo do sul,
Que soprava.
Lembro de ter lido que era noite de lua cheia em aquário,
O que quer que a astrologia representasse naquele momento,
Gosto de pensar que, no meio dessa imensidão,
Tudo está conectado.
A lua parecia se aproximar
E, em um pedido silencioso, sentindo a brisa no rosto,
Roguei para o meu coração se acalmar.
Foi então que me dei conta,
A água no fogão estava a ponto de entornar.
Voltei minha atenção novamente ao chá.
Quando dei o primeiro gole, olhando o luar,
Percebi que não era preciso pedir, apenas silenciar.
E de olhos fechados senti
Que, apesar daquele vento gelado,
Com o vapor da hortelã misturado,
Naquele instante,
O meu coração havia se acalmado.

À FLOR DA PELE

Era uma tarde de sol, daquelas em que não se sente
  [o movimento do ar.
Os pássaros pareciam dançar em algum tipo de balé desajustado.
O sol queimava, cabelos presos em um coque despretensioso,
A nuca descoberta e as bochechas coradas.
Aquele dia pedia uma bebida gelada.
Mas, por algum motivo, era o aconchego de um café que
  [parecia mais adequado.
Era um burlesco contraditório,
Aquele dia abafado, uma caneca de café coado que,
  [no primeiro gole,
Gerou um arrepio, como se o ar tivesse congelado.
Em uma fração de segundo o assombro do inverno
  [percorreu todo o corpo,
Mostrando que, do lado de fora, se estava vivendo o oposto.
Em uma fração de segundo senti muito, senti tudo,
Verão e inverno,
Pássaros desajustados em perfeita sincronia,
O café quente, o sol ardente, cabelos despenteados.
Era um enredo descomplicado, mas,
Quando se sente muito,
Percebe-se, nada está parado.

TENTATIVA

Eu tentaria te dizer o que em breve está para acontecer,
Que logo vai chover, o que está para mudar,
   [o que permanece no lugar.
Eu tentaria te contar das dores que vai sentir,
   [dos lugares onde vai passar,
Das pessoas que vai encontrar.
Eu tentaria decifrar os códigos de uma nação,
Os mistérios que envolvem cada coração
E as flores da próxima estação.
Te falaria das estrelas, de onde viemos, para onde vamos,
De todas as transformações, revoluções,
Do caos, do céu ao chão.
Desvendaria mistérios, segredos, cofres trancados,
Eu teria as chaves, todas elas,
Das portas e janelas, das almas e corações.
Eu falaria de felicidade, de amor e coragem,
De coisas que vêm e vão.
Eu tentaria, sei que seria em vão,
E, no final da noite, todas essas palavras seriam feito brisa,
Apenas uma poesia
Numa madrugada de verão.

ESCRITA

Eu me liberto do certo e do errado,
Do tempo, futuro ou passado,
Eu estou em todo e qualquer espaço.
Eu faço, refaço, traço as palavras
Que me levam a outro cenário.
Não é querer fugir, é estar aqui
E, ao mesmo tempo, em todo lugar.
É descobrir que o que habita em mim
Pode ser útil a você,
Te fazer viajar, relembrar, sentir, experienciar.
Quando as palavras descortinam poesias,
Você percebe
Que saiu daqui
E não sabe mais onde está.
Tem aroma, tato, paladar,
Tem imagem, gesto, jeito,
Tempestade, ventania,
Solidão e companhia,
Tem infância e juventude,
Tem velhice e confissões,
Tem sentido ou não.
Tem sentir, tocar,
Acolher ou afastar.
Tem cores e formas,
Tudo em versos
Que se formam num cadenciado ritmo acelerado.
Tem contradição.
Paradoxo e razão dançando em perfeita harmonia.
Tem tudo que talvez você queira alcançar.
É bom estar aqui e, ao mesmo tempo, em todo lugar.

SOB CONTROLE

Tudo em ordem,
A vida segue seu curso,
Ações corretas sob suas perspectivas,
Tudo o que se colhe são bons frutos.
Tudo no trilho, no eixo,
Pensado, encaixado.
Mas tinha um desassossego.
E faltava
O desconhecido,
O arrepio,
A diversão.
Então soltei,
Saltei,
Não calculei.
E, em madrugadas vazias,
Sem controle dos próximos dias,
Escrevendo poesias,
Me encontrei.
E gostei.
A cada instante penso e ajo
Na construção
Do destino que almejo.
Mas, confesso,
A diversão do percurso
Tem tido meu sincero apreço.
E relaxo.
Quando me preocupo,
Não esqueço.
Eu deixo, eu passo,
Nada está sob controle,
Ainda bem.

SEMENTEIRA

De tudo o que aprendi a ser,
O que mais me fez feliz
Foi ser inteira.
De dentro para fora,
Do peito para dentro.
Quando se é tudo,
Não tem espaço para arrependimentos.
Sua voz, sua vez,
Seu caminho e sensatez.
Cada pedaço seu,
Todo sentimento que floresceu.
E as amarguras da vida
São fases
Desse apogeu.
O que se tem a fazer é lançar sementes.
O que você lança, o que você planta
É o que te acolhe e remonta
E te satisfaz.
Quem descobre ser inteiro
E decide ser sementeira
Tem da vida seu instinto e seu brilho.
Agora, não mais fugaz,
É perene, sereno, contínuo.
Quem descobre o significado
De ser e semear,
Sendo tudo e desfrutando
De cada escolha que faz,
Toda luz evidencia,
De dentro desse olhar,
O brilho que traz.

LEVE

Em andar passo a passo,
Sentindo o compasso,
Deixando certezas,
Revendo posturas.
Desavisados dirão: erro de percurso!
Mas de que adianta seguir a passos duros,
Indo com pressa,
Se importando apenas com o que te interessa?
Estar caminhando
Não significa que achou o caminho.
Distante de tudo,
Me parece muito sozinho.
Peso no ombro
Nunca fez ninguém carregar o mundo.
Seus interesses,
A quem interessam?
O que te faz vibrar?
Te acelera o peito,
Eleva a alma,
E acalma o vento
Do seu pensar?
Vai com calma,
Passos firmes podem ser leves,
E também te levam a todo lugar.
Destilando leveza
É mais fácil chegar.

MARÉ

Entre calmaria e tempestade,
O mar transborda liberdade.
Não se atenha à superfície.
Do que há para saber,
Prefira profundidade.
De ondas agitadas,
Gaivotas espalhadas,
Nas profundezas de um mar revolto,
Há calmaria de um tempo absorto.
Seja cais
Em meio ao caos,
Agitação e melodia,
Vento brando e maresia,
Seja um pouco do muito,
Um pedaço de tudo,
No meio termo dos opostos,
Navegue em águas profundas
E volte
E paire no balanço do mar.
Abra os olhos,
Sinta o mundo,
Seja tudo.
Águas profundas pedem para mergulhar,
Volte à superfície quando quiser descansar.

VOCÊ

Me conta sobre você
Sem me dizer o que você faz.
O trabalho é uma boa parte,
Mas só ele, desculpa,
Não satisfaz.
Me conta quem é você
Quando ninguém mais te vê.
De tudo o que você fez e faz,
O que mais te deixa em paz?
Me conta da estrada que te trouxe até aqui,
Dos caminhos que te fizeram sorrir,
Dos lugares que te fizeram partir,
Dos motivos que te fizeram seguir,
Me fala das suas pessoas preferidas,
Do que te disseram sobre a vida,
Me conta dos seus amores,
Das suas dores,
Do que você tem medo,
O que te tira do sério,
O que te sara a ferida,
O que te abraça,
O que te lança,
O que te traz esperança.
Me fala dos seus porquês,
De todos os seus talvez,
Me conta dos seus saberes.
Quero saber de você,
Te ver, ler, sentir e entender.

No final,
Eu faço poesia,
Linha por linha,
Do que achei de você.

POETIZANDO

Desconstruí camadas que havia em mim.
Algumas que, de fato,
Eu nem sabia que estavam aqui.
Andava como quem tentava estar no lugar,
No meio,
Me adaptando,
Contornando,
Camuflando.
Mas olha,
Muito do que fui
Passou,
Passei.
Me aventurei a buscar
E a me encontrar.
Ando como quem não procura um lugar.
No meio de tudo,
Eu que crio meu habitat.
Vou dançando,
Serenando,
Poetizando,
Profetizando,
Rezando,
Amando.
O que levo é leveza no meu caminhar,
Porque, de todas as expectativas,
As minhas
Estão em primeiro lugar.

UM POUCO MAIS

Eu poderia ter ficado um pouco mais,
Esperado pelo jantar,
Eu poderia ter escolhido meu vestido mais bonito,
Ter falado de amores antigos,
Ter contado de coisas que sei e sinto.
Eu poderia falar
E cantar
E dançar.
Eu poderia ter ficado um pouco mais,
Até o sol raiar,
Contando histórias inventadas
Em noites de luar.
Eu poderia.
Inclusive, eu amaria.
E deixaria contigo poemas
Para decifrar.
Canções de ninar.
Abraços para embalar.
Eu poderia,
Mas não deveria.
Prefiro te fazer lembrar,
No meio do dia,
Que de palavras perdidas
Se fazem poesias
Para te arrebatar.

ROUPAS NO VARAL

Algumas roupas que cabiam em mim
Não servem agora,
Uma parte do que fui, foi embora.
Eu lavo, estendo
E coloco no sol.
Recolho o que foi pendurado
E passo
O que ficou amarrotado.
Tenho levado meus panos,
Medos e planos
A suspender nos varais,
As palavras em saraus,
Os sonhos nos quintais.
O que secou evapora,
O que me serve visto agora,
O que passou, foi sem demora.
Roupas estendidas,
Lençóis e poesias
Se misturam na brisa
Do meu sarau.
Eu sei agora
O que bem me veste,
O que bem me serve,
E o que já não cabe no meu varal.

PLANOS

Quais eram seus planos no começo do ano?
Eu sei, a gente tem aquela velha mania,
Fazemos promessas.
Anotamos tudo o que será,
Tudo o que precisa mudar.
E, tcharam...
Nada será como antes,
Em um rompante
Do badalar dos sinos à meia-noite.
Os astros disseram a cor da virada,
Você fez o que deveria naquela madrugada
E, sem sombra de dúvidas,
Aqueles planos escritos em papéis dobrados
Eram um sinal de tudo o que seria transmutado.
Não sei se foram os astros, se a cor não foi muito adequada,
Talvez aquela simpatia tenha sido feita de forma errada.
O que aconteceu que nada aconteceu da forma esperada?
Os planos foram por água abaixo
E eu fui junto nessa corrente,
Levada, desolada, lavada,
E, por fim,
Revigorada.
Olha, meus planos que me desculpem,
Mas os astros tinham coisas melhores para fazer,
Devo dizer,
Tenho aqui minhas intenções,
Não vou mais deixá-las em papéis dobrados,
Levo na minha intuição
E, se for preciso,
Que sejam levadas correnteza abaixo,

Eu nado.
Agora sei que, além dos meus planos,
Tem muito mais coisa que o universo pode ter planejado
Do que qualquer ideia que eu possa ter anotado.
Ano novo, você não virá em um papel dobrado,
Aceito suas águas, se preciso misturo minhas lágrimas
E, juntos, mergulhamos em tudo o que não pode ser premeditado.
Eu me arrisco a te encontrar de olhos fechados e te reverencio,
Com meus desejos escancarados.
E o que tiver que ser, será,
Um encontro das suas águas nas minhas, nadando lado a lado.

CAPÍTULO DOIS

Ressignificando palavras

Nem só de pão vive o homem,
há que se ter poesia.

ABSURDO

É quando seus olhos pousam nos meus
Sem nem disfarçar,
É a sua alma brincando com a minha
Numa simples troca de olhar.

CASA

É o caminho que faço
Para chegar no seu abraço.
O abrigo que só seu sorriso me dá.
É ninho que faço no seu corpo,
O aconchego do seu entorno
Que faz, do seu peito,
Meu lar.

NOME

Seu nome na minha boca
Vem acompanhado de um sorriso.
Suas palavras viram poesia
Quando chegam no meu ouvido.

LUA

Eu compraria
Um lote na lua
Só para ver, lá do alto,
Minha intensidade
Esbarrar na sua.

NÓS

Não escrevo para falar de nós.
Prefiro desatar o que está preso
Quando estivermos a sós.

OPOSTOS

Se me perguntassem,
Eu diria que dois opostos
Não ocupam o mesmo lugar.
Mas o que dizer dos corpos
Quando estão dispostos
A se encontrar?

QUERER

Te concedo essa dança
Para que me mostre,
Com seus dedos entrelaçados nos meus,
Até onde o seu querer alcança.

ENTREGA

Me entrego a alguns versos
Como quem não sabe
Aonde quer chegar.
Deixo estar,
Me deixo levar.
Quando percebo,
Perdi o caminho,
Não sei mais voltar.

PROPOSTA

Te proponho a seguir seus sonhos
E, seguindo o rumo dos meus,
Te acompanho.
Sugiro que façamos planos
Sem tamanhos
E, de tudo o que pode ser,
Nada será o que já fomos.

FANTASIA

Me visto de fantasia
Para deixar à mostra
O que de melhor há em mim:
Minha poesia.

ESPERANÇA

Canarinho fazendo ninho,
Achando abrigo
Pelo caminho.
Andando no céu,
Pairando no chão,
Buscando refúgio na sua canção.

TROPEÇO

Tropecei no teu olhar
E fui ao chão.
Não é todo dia
Que um par de olhos castanhos
Me tira a atenção.

EMBRULHO

Eu embrulharia
Um beijo meu
Num papel de presente
Para você abrir
Sempre que sentir
Vontade da gente.

ARREMESSO

É o que faço com palavras
Em papéis de carta
Para destinatários que eu desconheço.
É o desdobramento do que imagino
Chegando no seu destino
Depois que minhas ideias viraram do avesso.

QUEDA

Caí em mim,
E quem dera
Toda queda fosse assim.

IMPRESSÃO

Eu tenho a impressão
De que dias melhores virão.
E, depois de impressos,
Harmonizo meus versos
Em cada verbo.
No futuro do pretérito.
Porque, apesar de melhores,
Os dias permanecerão incertos.

VERSOS

Me expresso com café
Coado em versos
E te entrego
Na primeira hora do dia.
Eu gosto de despertar pessoas
Com sabor de poesia.

BÚSSOLA

Bússola quebrada,
Perdida em alto-mar,
Fez das minhas incertezas
Motivos para navegar.

CARINHO

É afeto que chega antes do toque,
É olhar que afaga
Antes que as almas se encostem.

AMOR

Que o amor venha suave
Como o bater das asas de uma borboleta.
Que venha intrépido e entregue
Como o bater das asas de duas borboletas.

PAIXÃO

Não sei de quantas paixões
A vida é feita.
Mas cada uma é infinita,
Até que outra seja eleita.

ORAÇÃO

Eu oro,
E não importa que horas são.
A leveza do que sinto
Está na minha oração.

PALAVRA

Beija-flor disse que palavra se faz no ninho.
Mas não resiste
E espalha poesia pelo caminho.

LIGAÇÕES PERDIDAS

Em ruas vazias,
Desencontros marcados
De corações avoados.
Entre sujeito e predicado,
Elos e verbos perdidos
Por falta de ligação.

CAPÍTULO TRÊS

Emoldurando versos

Às vezes o poema é a solução.

AVISO

Não tem aviso na porta.
Não espere encontrar respostas.
Entre sem bater,
Não tem prefácio para você entender.
O que te espera do outro lado
Não é o mesmo que todo mundo vê.
Cada um enxerga aquilo em que crê.
Sente-se, fique à vontade,
Te conto das minhas saudades,
Das minhas estradas,
Das minhas vontades,
Te falo o que me trouxe até aqui,
Para onde eu pretendo ir.
Lê nos meus olhos o que não te digo,
É através deles que te conto
O que sei de mais bonito.

AVESSO

Quando falta espaço,
O olhar prolixo,
Um leve cansaço,
A mente fervilha,
O corpo requer mais cuidado.
Muda de lado,
Olha de novo,
Faz o contrário.
Repousa no vento
As certezas dos seus pensamentos.
E libera espaço,
Anda descalço,
Diminui o passo,
Muda o lado,
De cabeça para baixo,
Se abre para o novo,
Celebra o entorno.
O caos não está no contrário,
De ponta-cabeça também se vê um belo cenário.

INTEIRO

Seja inteiro em cada passo,
Não deixe dúvidas no caminho,
Siga sendo tudo,
Entendendo o mundo,
Escolhendo o rumo.
Não deixe migalhas marcando o chão,
Cada escolha é uma renúncia,
Em toda decisão.
Siga encontrando pessoas,
Rindo à toa,
Tendo conversas bobas.
Mas seja inteiro
Até mesmo em conversas fiadas,
Conclusões precipitadas.
Assuma os riscos.
Reconheça os percalços.
Não tenha apenas falas rasas,
Aprofunde.
Mas entenda que, de tudo, nada se sabe.
E siga sua aventura.
Quem te encontrar no caminho perceberá,
Sem ser preciso mostrar.
O que tem em ti
Será um convite a mergulhar.

SONHO

O que você sonha quando está acordado?
Não se engane com minha cabeça nas nuvens,
Sei quando é hora de deixar os pés firmes no chão,
Aliás, a minha coragem já criou raiz,
Dessas profundas,
Que não se veem todo dia por aí.
Sonhar acordada
Faz parte da minha essência.
É que, antes de realizar,
Eu gosto de imaginar.
Não se engane com meu jeito avoado,
Sei dos riscos que corro
Em cada passo dado.
Não é efêmero sonhar,
É melhor que a continuidade de uma vida
Sem brilho no olhar.
E, de sonho em sonho,
Quando durmo encontro
Tudo o que quero alcançar.
Mas não se engane com minhas palavras,
Porque só de sonho não dá para chegar.
Então te pergunto:
O que você realiza antes de dormir e depois de acordar?

AMENIDADES

Um café à tarde para conversar,
Só para dizer como está a vida.
Falar besteiras sem se importar,
Papo de meninas, só para constar.
Aquela recomendação de um filme clichê para o fim de semana
E uma dúzia de assuntos que ficaram pendentes desde o último programa.
E outros tantos que ficarão
Para sei lá que dia,
Mas vai acontecer,
Numa dessas saudades de se ver.
É que tem sempre um eu te amo nas entrelinhas.
Acho que é disso, e um pouco daquilo,
Que se mantêm as boas amizades.

FASES

Não foi andando na rua
Nem mudando a postura.
Não foi me encaixando em molduras
Ou qualquer aspecto de loucura.
Foi sentindo o vendo bater,
As folhas caírem,
O sol nascer.
Foi de noite na chuva,
Na chegada da lua
E no dia amanhecer
Que eu vi
Que não é de coisas ou lugares,
Não está nos livros ou nos bares.
É do ser, do nascer,
Do plantar e colher,
Do despertar e crescer.
Do buscar,
Se encontrar
E perder.
Que as fases virão,
Você vai ver.
Sem ser preciso dizer:
A natureza anteviu
O que vai acontecer.
E você vai saber, sem ser preciso entender,
Que é você,
Com você,
Buscando se conhecer.

GENTE GRANDE

Somos todos crianças
Que o tempo fez envelhecer
Só para brincar com os opostos do nosso ser.
A gente acha que sabe de tudo e mais um pouco,
Quer estender a brincadeira
E pular a hora do almoço.
Tem medo do desconhecido,
Ou, às vezes, pula para ver de perto o abismo.
Depois que fica escuro,
Todo mundo quer seu cobertor.
Como naquele velho ditado:
Tem monstro escondido no armário,
E ninguém quer abrir o olho
Por medo do que imaginou.
Quer colo e cafuné,
Mas não quer admitir
Que precisa desse afago
Que te faz sorrir.
Não quer esperar o aniversário para abrir o presente,
Quer sentir tudo o que tem para hoje,
Sem se preocupar com o que vem pela frente.
Todo mundo quer saber se falta muito para chegar
Sem nem saber ao certo qual vai ser o lugar.
É aquela adrenalina do desconhecido,
É querer chegar logo,
Fazer novos amigos.
É querer desbravar,
Mesmo com os adultos falando para ir devagar.
É querer pular na cama,
Fazer festa do pijama,

Chorar fazendo manha
E sorrir no meio do choro,
Porque aquilo era só um drama.
É querer ver desenho até de madrugada,
Mas ter um trabalho massa,
Que te faça a pessoa mais realizada.
É querer ser gente grande e, ao mesmo tempo,
   [brincar na rua de pique-esconde.

SOLITUDE

É quando você entendeu
Que é responsável por toda a diversão.
É um encontro daqueles,
Com tudo o que você tem por dentro
E não tinha se dado conta até então.
É saber que a jornada é muito boa
Quando se está acompanhada,
Mas saber que, melhor que isso,
É não se deixar acompanhar
Por quem não está na mesma pegada.
Porque é sozinho que se faz o caminho,
É compartilhando que se encontra o destino,
Mas é entendendo que seu compromisso
Está no seu íntimo.
Quem por bem vier,
Que seja bem-vindo.
Sozinha sou muito,
Te deixo entrar no meu infinito.
Acompanhada te honro,
Mas sigo mantendo minha liberdade
Porque, de todas as conquistas,
Essa é a que me deixa ser quem sou de verdade.

FLUIDEZ

Diferente de como andava,
Da forma que encarava,
Do jeito que levava,
Dos passos que dava.
Do que sei que sinto,
Do que nem sei e pressinto,
Do que aprendi com os ritmos,
Me peguei sorrindo, indo,
Fluindo.
E te digo,
Seja leve,
Se solte,
Levite,
Flutue,
E guie,
Mas também se deixe levar.
Eu entendi quando me soltei no ar.
E foi perceptível para quem viu o brilho no olhar.
Você não vai mais me ver pisando firme por aí,
Minha firmeza está no falar.
Quanto aos passos que pretendo dar,
Siga olhando,
Você só vai me ver dançar.

ABISMO

Tudo faz mais sentido
Na beirada de um abismo,
A mente cria, divaga, escapa
Ou desvia.
O que deveria ser se tudo o que houvesse
Fosse aquele precipício?
Quais sentimentos você levaria consigo,
O que é medo,
O que é coragem,
O que faz ou não sentido,
O que é perigo,
O que vale o risco,
O que é instinto,
O que é insano,
O que é engano,
Loucura ou sensatez?
Às margens de um abismo,
Respirando fundo,
O ar percorrendo tudo.
A mente recria o que poderia
Ou deveria acontecer.
E, no fim de tudo,
É você olhando o mundo,
Pagando para ver.
Saltar daquela borda
Ou parar nas margens do ser,
É tudo questão do que você escolhe viver.

BRISA

Do vento que acaricia o rosto,
Da brisa que amacia o gosto.
Numa tarde quente de verão,
Nem tudo vai trazer a mesma sensação.
O ar em movimento
Levando cabelos, sonhos e pensamentos,
Em uma frágil contradição
De sentir a brisa
E, ao mesmo tempo,
O calor da estação.
De serenar o pensamento
E ter na mente um furacão.
Entre brisa e ventania,
Solidão e companhia,
Ruído e melodia,
Fala e poesia,
Eu tenho andado no meio da linha
Para sentir no rosto
O gosto de tudo um pouco.

ENTRELINHAS

No espaço entre o que você lê
E o que foi escrito
Cabe muito mais
Do que parece possível.
Entre pontos e vírgulas,
Entre o que quero dizer
E o que você gostaria de ouvir,
Existem abismos.
Há o que ninguém falou,
Mas sentiu,
Não escreveu, tampouco previu.
Foi entre os meios,
Entre os dedos,
Por olhos entreabertos,
Que se fizeram
Abismos de plurais e singulares.
Entre as linhas que escrevo,
Tem muito mais coisa que eu digo
Do que de fato me atrevo.

TRUCO

Eu não sou boa em blefar,
Seja com palavras ou baralhos.
Geralmente não tenho cartas na manga,
As que te escrevo são de papéis que encontro
Por todo lugar.
Eu gosto das coisas em ordem.
Não sou boa em embaralhar.
Eu sinto o jogo e vou jogar.
Antes de perder, prefiro arriscar.
Eu gosto das cartadas finais,
Versos fatais.
Esse lance de parceiros e rivais.
E se eu vou trucar?
Sempre que você me desafiar.
Seja com palavras ou baralhos,
Não sou boa em blefar,
Mas posso tentar.

BAGAGEM

Não tenho bagagem,
Me desfiz do tanto que sempre juntei.
Se me pedir,
Escolho levar:
Uma mochila,
Papel,
Caneta
E meu All Star.
Por fim, carrego comigo
Todos os sonhos que couberem
Por onde a gente passar.

CORTINAS

Me descortino em versos,
Te mostro reversos
De tudo que um dia
Foi tido como certo.
Sem alarde,
Te dedico frases.
Te coloco em tons
De pôr-do-sol
No fim da tarde.
Me descortino em verbos
E te entrego.
Te mostro reversos
De tudo que não foi dito
Quando estávamos perto.

FOTOGRAFIAS

Em fotos antigas,
Me vejo lá atrás,
Como alguém
Que hoje
Não sei mais,
Não sou mais,
Sou mais.
Me entendo lá atrás,
Me despeço do que já fui,
Reverencio o que hoje me faz.
Sei que sou a soma do que guardei
Com o que deixei para trás.
Hoje faço fotografia
Para ver um dia
Que, quem eu fui,
Já não sou mais.

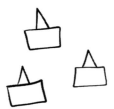

OFÍCIO

Tem dia que não é de riso,
É de choro, de reza.
Tem dia que não é de festa,
É de sofá, de coberta.
Tem dia que nem parece dia,
Parece noite vazia
Com milhares de estrelas.
E você só enxergou a que caía.
Ainda bem que é só mais um dia,
Desses em que você entende que sentir é preciso.
Então não engole o riso, não engole o choro,
Traz à tona para não causar sufoco.
Sentir é imperativo,
Permitir sentir é que traz conforto.
Sentir é ofício, é ser parte do todo.

AVISO

Talvez eu tenha me perdido
Enquanto procurava nos livros
Algo que, para mim, fizesse sentido.

Talvez eu tenha me iludido
Entre suspenses e romances,
Idealizando
Meus personagens preferidos.

Talvez eu tenha me escondido
Pelas prateleiras, eu era a poeira
Que ficava entre aqueles livros.

Talvez eu quisesse preencher um vazio
Que ocupava tanto espaço
Quanto o silêncio dos corredores esquecidos
De bibliotecas cheias de aviso.

Talvez me iludir fosse preciso,
Entre tantas histórias que eu queria viver,
Para, enfim,
Traçar roteiros, escrever caminhos.

Talvez me perder tenha sido um aviso
Para que eu me encontrasse
Entre tantas palavras que, hoje,
Reverberam o que sinto.

DESAFIO

Te desafio:
A sentir muito,
A olhar profundo,
A enxergar o mundo.
A tentar de tudo,
A permitir ser todo.
A seguir seu rumo.
A se admirar lá atrás,
A andar para a frente,
A permitir que a paz se apresente.
A firmar sua fé,
A se soltar do que te prende.
A abraçar seu passado,
A se encontrar no presente.
Te desafio:
A ser tudo o que de fato você é e sente.

VENTANIA

Tem vento aqui dentro,
Dentro de mim.
Algumas vezes, brisa,
Outras, tempestade,
Há tempos não vira furacão.
Tem ventania,
Tem sopro.
E é por pouco
Que não esbarra no fogo
Que arde em chama
No meu coração.
Se não estaria eu,
Em conflitos internos,
Entrando em combustão.

VESTES DO AMOR

Se é para falar de amor,
Melhor começar a se despir
Daqueles medos que cobrem suas cicatrizes,
Das inseguranças que arrepiam a pele,
Das hesitações que protegem o pelo,
Das dúvidas que vestem o corpo.
Tira tudo.
Olho no olho.
O amor não precisa de tantas vestes,
Ele não te encontra nas certezas
Ou nos panos que te revestem.
Mas nas brechas,
Sem pudor,
Ao menor sinal de nada,
Te engrandece
E sussurra em seu ouvido: – sou eu, o amor.

MULHER

Não é apenas sobre ser,
Mas também sobre quem ainda só existe.
Não é sobre papéis e funções,
Mas também sobre quem ainda está perdida.
Não é sobre o lugar ao qual se quer chegar,
Mas também sobre o lugar em que se está.
Descobri que se encontrar
Pode ser mais desafiador
Que qualquer permanecer e ficar.
Descobri que a mulher já nasce flor,
Já nasce abelha, vidente, coruja, serpente.
Mas é no caminho que realmente aprende.
Não é sobre o dia em que nasce,
Mas sobre todos os outros em que renasce.
E descobre.
E enfrenta.
E constrói.
E escolhe.
E alimenta.
Os seus
E tantos outros.
É ser, estar, permanecer, transmutar, perpetuar.
Tudo em um único viver, um único dançar.
Se ainda não se descobriu,
Sei que, volta e meia,
Inevitavelmente,
Invariavelmente,
Vai tropeçar em quem se é.

Porque, de todos os papéis
Que a vida pode oferecer,
O mais real, voraz e vital,
É o de ser mulher.

ABRIGO

Dizem que, em tempos de recolhimento,
Coisas vêm à tona.
Tudo aquilo que foi empurrado
Para debaixo do tapete,
Guardado a sete chaves
Em cofres, caixas,
Sacolas, potes, armários,
O que foi trancado com cadeados
Em um ímpeto de solucionar o que apenas
Seria abafado.
Ressurge, desperta, solta e abre,
Te inquieta.
Tudo o que fica muito tempo guardado
Uma hora é revisitado,
O que tinha que ser resolvido, limpado, tirado
Foi guardado quando deveria ter sido
Jogado, levado, esvaziado.
É tempo de recolher,
É um toque de reconhecer
Que é hora de se abrigar
E deixar ir
Tudo o que não deve te pertencer.

VESTES

O que tiveste que fazer
Para aprender a lidar
Com as fases do seu ser?
Foi mudando
Tuas vestes,
Teus dilemas,
Teus poemas,
Teu prazer.
Foi crescendo
Teus desejos,
Tuas preces,
Teu querer.
Foi aprendendo
A sentir,
A lutar,
A viver.
Foi despindo
Suas certezas,
Suas durezas
E as camadas do seu ser.
O que em ti veste melhor
E o que tiveste que fazer
Para que hoje
Encontrasses a grandeza do seu ser?

ROTA

Quando escolhi passar por novos lugares,
A velha estrada foi ficando cada vez mais distante,
Menos atraente.
Velhos caminhos não abrem novos destinos,
Não levam a lugares desconhecidos
E, por vezes, nos fazem girar em círculos.
Quando escolhi passar por novos lugares,
Me encantei com a paisagem
Como criança no banco de trás,
Com vidro aberto e o rosto para fora,
Sentindo o gosto do vento,
Fotografando em pensamento.
Perder a rota pode ser seguro,
Pode te levar para o mundo,
Pode te mostrar que limites não existem
Quando você derruba seus próprios muros.

OUTONO

Eu gosto desses dias amenos
Em que o sol beija o vento,
Brincam no tempo,
As folhas são tiradas para dançar e,
Ao final, formam tapete no chão
Em tons de amarelo e marrom.
Eu gosto desses dias pequenos
Em que o sol beija meu pensamento,
O vento tira meu cabelo para dançar.
Ao final, chá e cobertor,
Vendo o sol se pôr
Em tons de amarelo e marrom.

PRETEXTO

Recolhi os pratos,
Os copos,
Os farelos.
Lembrei do riso, das conversas,
Dos conselhos de amor.
Recolhi os talheres,
Os guardanapos,
As taças de vinho.
Lembrei dos causos,
Das conversas fiadas
E dos olhares sorrindo.
Tirei a toalha que cobria a mesa,
Tirei daquela noite muita leveza.
E que toque de amor aquela reunião,
A comida é um bom pretexto para toda união.

CAPÍTULO QUATRO

Despertar da fantasia

Dançando com estrelas do mar,
cavalgando em cavalos marinhos.

SEREIA

Seria sereia
Em noites de lua cheia.
Mergulharia em infinitos
E voltaria das profundezas
Só para deitar na areia
Sob a luz das estrelas.
Entre o céu e o mar,
Faria da terra meu porto,
Lugar de conforto
Do meu desbravar.
Seria estrela do mar,
Ave do céu,
Brilho no olhar.
Seria o que pulsa,
O que impulsiona e faz sonhar.
Seria tudo que um dia
Vira fantasia
Em canção de ninar.

ALTO-MAR

Foi outro dia,
Dançando com estrelas do mar,
Cavalgando em cavalos marinhos,
Que desfiz os nós que me atavam a portos vazios.
Vi faróis sozinhos
Iluminando destinos,
Guiando marujos,
Revelando piratas.
Senhores capitães
De bússolas quebradas.
Vi meninos e homens,
Nos mesmos olhares,
Deixando segredos nos sete mares.
Guardando amores em amuletos.
Entregando saudades aos quatro ventos.
Foi outro dia,
Dançando com estrelas do mar,
Cavalgando em cavalos marinhos,
Que desfiz os nós que me atavam a tempos perdidos.

PIRATA

Pirata,
Roubando coração em alto-mar,
Já fez muita sereia se apaixonar.
Mas há quem diga
Que sereia perdida
Faz, das paixões, canções
Para se encontrar.

CABEÇA DE VENTO

É que eu tenho cabeça de vento.
Deve ser por isso.
Hoje entendo.
Os meus pensamentos voam
Nas cores do tempo,
Nos passarinhos fazendo ninho no céu,
Nos pingos de chuva fazendo rio no chão,
Nas folhas das árvores celebrando cada estação.
Os meus pensamentos voam
Seguindo o rumo de nada,
Percorrendo o caminho de tudo,
Em um paradoxo absurdo.
O ar presente em tudo,
O vento me mostrando o rumo
De onde a lua se esconde,
Do sol nascendo no horizonte,
Do barulho da borboleta batendo asa,
Do caminho da formiga indo para casa,
Da serpente renovando a fertilidade da mata.
É nessa hora, entre nuvens, relâmpagos e trovões,
Que solto a realidade das minhas mãos
E o vento toma conta da minha imaginação.

FILHOS DO TEMPO

Filhos do tempo,
Nasceram sob juramento
Mas não sabiam,
Eram apenas um fragmento.
Não era fácil lembrar de onde vieram,
Não tinham raízes,
Pertenciam ao todo
E ao nada.
Estavam em todo lugar
E em lugar nenhum.
Conheciam os deuses, os homens;
Os guerreiros, suas espadas;
Os reinados, suas batalhas;
Feiticeiras e suas moradas.
Andaram por eras, por séculos.
Passaram por incontáveis estações,
Ciclos de mistérios,
Procurando sentido,
Procurando ao que, de fato, pertenciam.
Não cabiam em relógios, ponteiros,
Templos, pedras e castelos.
Eram filhos do tempo,
Nunca souberam que, de todos os herdeiros,
A eles foram entregues todas as heranças,
Foram dadas as piores previsões,
Mas as melhores esperanças.
Pertenciam ao todo e se esvaíam ao nada,
Eram filhos do infinito,
E nada mais que isso importava.

CASTELOS

Entre torres de castelos,
De todos os sonhos, os mais belos.
Entre campos e desertos,
Eu confesso:

Por muito tempo fui a princesa, presa
Entre tecidos, vestidos longos e espartilhos.
Idealizando amores que suportariam
A fúria dos dragões, o peso de maldições
E elevariam o espírito a outro nível de paixões.

Por muito tempo fui a princesa, presa
Dentro de mim. Dentro dos outros.
Procurando sentido do lado de fora,
Tudo tão efêmero, morno,
Se esvaindo como um sopro.

Há algum tempo deixei de ser.
Nunca me pertenci sendo presa,
Meu instinto predador tem sede, tem pressa.
Então abandonei o castelo, os labirintos, os panos, as pedras.

Dos personagens que posso escolher,
Sou a bruxa, a cigana, a coruja
Morando numa choupana dentro da floresta.
Vem me fazer uma visita,
Te sirvo uma tarde de chá e uma noite de festa.

FESTA

Eu vou dar uma festa.
Com DJ e orquestra.
Vai ser um baile de gala.
Um baile de funk.
A comida é o que diz no cardápio:
Cada um com seu prato,
Seu pedido será realizado.
O traje é o que te deixa mais confortável:
Pode ser fantasia, vestido, pijama
Ou um smoking todo alinhado.
Só entra quem for convidado,
Mas será permitida a presença
De qualquer estranho interessado.
Vai ter tudo que uma festa precisa para ser boa,
E tudo que ela não precisa é acabar.
Você deixa do lado de fora o que não for precisar,
Chaves, sapatos, carteira e qualquer pesar.
Na saída vai ter suas memórias guardadas
Em uma garrafa
Para você abrir quando quiser dançar.

CHÁ DA TARDE

Aceita uma xícara de chá?
Pego a louça mais bonita,
Aquela com flores pintadas à mão.
Te ofereço prosa e verso,
Conto histórias
E confesso:
No quintal,
No fim da tarde,
A brisa suave
Entrega todas as palavras ao tempo.
Então me diga
Os seus mais sinceros pensamentos,
Porque serão sementes
Plantadas pelo vento.
Me diz só o que deve germinar,
Os desejos mais profundos do seu pensar.
Então te ofereço um pedaço de bolo,
Aquele com gosto de infância,
Coberto de memória para o seu paladar.
E te pergunto de novo,
Aceita uma xícara de chá?

À MESA

Meu paladar não é bom para gostos amargos,
Tampouco minhas palavras.
Não vou embrulhá-las em laços.
A olhos nus, perceba os traços.
Descubra, pelo que não digo,
O que para você faz mais sentido.
Sente-se,
Sinta-se à vontade,
Te sirvo um banquete
Das mais variadas palavras.
As mais doces e ácidas,
As mais suaves e ásperas.
Me diz seu gosto?
Te sirvo o oposto,
Te mostro de tudo um pouco.
Depois me diz,
De tudo o que provou,
O que sentiu, do começo ao fim.
Sei que, de tudo o que pode ser dito,
Palavras servidas à mesa
Me parece o jeito mais bonito.

SENTIDOS

Já senti borboletas no estômago,
Frio na barriga,
Arrepio na espinha.
Meu sexto sentido
Já me mostrou
Coração de gelo,
Coração de pedra,
Lábios que afagam,
Mãos que apedrejam.
Meus olhos de lince já viram
Longas distâncias
Entre pessoas
Que formavam um par.
Meus ouvidos souberam,
Sem ninguém me contar,
Que os sentidos enganam,
Mas o que a alma traz,
Ninguém pode disfarçar.

CHAVES

Das chaves que abrem destinos,
As minhas, perdi pelo caminho.
Eram muitas para guardar,
Portas a procurar,
Sem saber ao certo
O que precisava encontrar.

Eu fui me prendendo
Ao que pensava
Que deveria achar.
E deixando lugares
Em que imaginava
Não conseguir entrar.

A cada nova porta
Era tudo ou nada,
Ou abria, ou permanecia fechada.
E eu sem saber
O que procurava.

Então cansei, fui deixando pela calçada
As chaves das portas por onde eu passava.
Ali, naquele momento,
Eu não sabia o que me aguardava.

Soltei tudo,
Segui um rumo
E percebi
Que abrir destinos
Não é sobre sorte ou azar,
Sobre lugares fechados para destrancar.

É o que vem aberto
E você, desperto,
Consegue enxergar.
Sem que soubesse
Que aquilo, no meio do caminho,
Era tudo o que precisava encontrar.

LUGAR

Por aqui é ruim falar,
Melhor conversarmos em outro lugar.
Te deixo escolher, é só me avisar.
Se for para falar de sonhos,
Sugiro um submarino em alto-mar.
É o lugar mais profundo para sonhadores
Que gostam de mergulhar.
Se for para falar de destino,
Um balão para voar.
Lá de cima a vista alcança
Até onde o vento pode nos levar.
Se é para falar de abrigo,
Sugiro um trem
Que percorra as mais longas distâncias
E, entre chegadas e partidas
De pessoas queridas,
Encontrar abraços para a vista pousar.
Agora, se for para falar de amor,
Sugiro qualquer lugar.
Embaixo do céu,
Acima do chão
Ou no fundo do mar.
Todo lugar é perfeito para falar amor,
Todo lugar é perfeito para amar.

VIAGEM

Se é uma longa viagem,
Me permito seguir em frente,
Junto dos que tem coragem.
Nunca fui de pedir muito.
Nunca fui de pedir nada.
Quem fica é porque entendeu
Que é de reciprocidade
Que se faz a jornada.
Se os caminhos são muitos,
Me permito escolher os meus,
Sei que não permanece junto
Quem não cultiva
Os mesmos valores que eu.
Se é uma longa história,
Me permito criar o roteiro,
O que escapa dos meus olhos,
Já entendi,
Foi o destino que escreveu primeiro.

PASSARINHO

Ah, passarinho,
Se me chama para o ninho,
Talvez, por afeto ou afago,
Eu resolva pousar.

Passa por mim
Sem pressa.
Te aprecio,
Te ouço
E acolho
Seu cantar.

Ah, passarinho,
Se naquilo que foi ninho
Já não te cabe mais, tranquilo,
Faça do céu seu lar.

Se me chama para o infinito,
Acompanho seu voo,
Te aprecio
E acolho
Nesse desbravar.

Assim abro também minhas asas,
Porque casa não é onde,
Mas com quem você quer partilhar.

BICHO FERIDO

Por ti tenho apreço,
Não tenho pressa
Nem medo.
Por mim é que tenho receio,
Meu coração é bicho ferido
Que anda perdido
E não se adaptou ao meio.
Corre no escuro,
Foge de muros
E encontra abrigo no próprio peito.
Por ti tenho desejo
De que seja tudo o que arde,
Tudo o que cura,
Tudo o que afaga.
Mas que chegue suave,
Não seja covarde
Nem venha pela metade.
Porque meu coração é bicho ferido,
Se fez forasteiro
E apurou seu instinto
Para se bastar por inteiro.

BICHO DO MATO

Sou bicho do mato.
Mato adentro me conheço,
Me exploro,
Me pertenço,
Me perco, me acho.
Não dou as caras em qualquer descampado.
Me pego nos meios.
Nos emaranhados.
Sou mato adentro, céu afora.
Recuo nas divisas,
Não me expando em terrenos incertos,
Exploro peitos abertos.
Coloro as palavras dos meus versos,
Entrego a ventos de inverno
Em cor de flor no deserto.
Te olho por dentro,
De longe te vejo
E percebo por fora.
Onde o mundo é estreito,
Vou ao encontro do que me consola.
Meu coração alado,
Que já percorreu tantos lados,
Aquietou de um jeito
E se diz satisfeito
Em pertencer peito adentro, voar céu afora.

FÊMEA

Das fadas, das bruxas, das serpentes, das corujas,
Em séculos de silêncios, vozes e fogueiras.
Quem já foi presa
Sabe muito bem deixar de ser caça.
Não é de hoje.
É de antes.
Não é só do ventre.
É do todo.
Quando o conceito não define,
A espécie não se extingue.
De tudo o que já fez e faz,
Se perpetua e traz
O valor do antepassado,
O despertar do sagrado,
Razão e emoção entrelaçadas
De choros calados,
Gritos, uivados
Das dores sofridas.
No sarar das feridas,
O caminho traçado.
Quem já foi presa,
Sabe o valor de cada passo.

CIGANA

Minha alma cigana
Brinca de prever o futuro,
Faz poesia no escuro,
Dança ao redor da fogueira,
Faz festa em noite de lua cheia.
Minha alma cigana
Segue a curva do vento,
O curso das águas,
O caminho sem julgamento.
Lê cartas,
Mãos e pensamentos.
Muda de casa,
De forma,
De destino e sentimento.
Escreve cantigas de roda
Em movimento.
Tem visões de lugares, pessoas,
Almas e intenções.
E adianto,
Não chegue muito perto,
Ela costuma sentir
O que carregam os corações,
Seus temores, medos e aflições.
Descobre amores, segredos e paixões.
Tira véus e descortina ilusões.
Mas não se espante,
Ela guarda consigo
Segredos de muitas gerações.
O que ela lhe disser,

Se assegure de lembrar,
Porque hoje ela está aqui,
Amanhã,
Pode não estar.

GUARDA-CHUVA

Não sou adepta a guarda-chuvas.
Das águas que caem das nuvens,
Um dia ouvi falar:
É só ela quem lava
Todas as almas
Que precisam se aclarar
Com fragmentos de céu,
Sol e luar.
Que desague em mim,
Pedaço de nuvem.
Chegando em meu peito,
Encontro perfeito,
Faz de mim seu leito
Para desanuviar.
Fui lá fora ver,
Deixei molhar.
Do que ela leva,
Nada quero guardar.

GUARDA-SOL

Tenho guardado o sol.
Não é coisa fácil de se fazer.
Os seus raios atrapalham as sombras
A aparecer.
Mas tem sido útil.
Para os dias mais nublados, cinzentos e opacos
Eu abro o guarda-sol.
Ele desfaz toda nebulosidade
Com uma centelha.
Não é fácil lidar com uma estrela.
Mas tem sido útil.

TEMPESTADE

Há quem esteja no meio da tempestade
E, apesar de não saber
Tamanha intensidade,
Uma coisa é certa:
Ela passa como sempre passou.
Não por você,
Mas por quem antes aqui habitou.
Quem esteve no passado
E hoje está em porta-retratos
Já conheceu a fúria de torrentes,
O ardil de serpentes,
A dor dos doentes,
A ingenuidade dos inocentes,
O inverno sem precedentes,
Sem saber o que esperar pela frente.
É o que dizem nas histórias,
Nos escritos de outrora.
Mas essa parte parece pequena
Quando falam de todas as glórias.
Porque é no caos que a coragem se instaura.
Os passos são articulados,
Os triunfos, revelados
Em batalhas vencidas
No despertar da aurora.
Vem a sagacidade de quem aprendeu a lição
De que doer, às vezes,
Traz o que é preciso
Para fortalecer
Um coração.

DESERTO

Foi no meu deserto,
Em tempestades de areia,
Sentindo o vento cortar,
O sol arder
E o coração pulsar
Que pude perceber:
Não foi só areia
Que aquele turbilhão fez levantar.
O que me assustou, fui encarar,
O que me cortou, fui curar,
Quando serenou, me deixei levar.
O que despontou, deixei brilhar,
O que brotou, eu fui regar.
O que um dia foi deserto,
Por certo,
Ainda será mar. A navegar.

ESTRELA CADENTE

O que você faz quando vê uma estrela cair?
Eu estava flertando com o céu.
A noite estava clara,
Estrelas espalhadas
Quando uma delas caiu.
Mal deu tempo de fazer um pedido.
É claro que não pensei na hipótese
Daquilo ser algum tipo de meteorito.
Aquele momento, para mim, foi assim:
Em um abismo infinito,
Eu contemplava o céu,
Deuses contemplavam o chão,
Eu não sei dizer quanto tempo fiquei sem piscar,
As estrelas viraram vaga-lumes embaçados
Pairando no ar.
Eu imaginava aquela imensidão,
Os deuses já sabiam de tudo, sem véu,
Sem ilusão.
Quando os olhares foram simultâneos,
Um síncrono momento de contemplação
Da finitude da vida,
Do universo em vastidão.
Uma estrela caiu,
O segundo perfeito
Para um firmamento.
Quando os deuses do alto
Me viram olhar,
Mandaram de presente uma estrela
Para ouvirem um pedido

Que pudessem realizar.
E você, o que faz quando vê uma estrela
Caindo no ar?

QUE ASSIM SEJA

Que nenhuma estrada se acabe para nós
Que nenhum vento nos impeça de chegar
Que ir embora não seja ofensa
Quando não fizer sentido ficar
Que nenhuma mudança nos aflija
Nos impeça de sonhar
Que caminhos não percorridos
Não assustem quem precisa caminhar
Que as montanhas não se movam
Que não seja preciso abrir o mar
Quando em nós for preciso abrir
Quando em nós for preciso mover
Que os caminhos continuem ali
E em nós a confiança de percorrer

A vida passa,
Eu, poesia.

Este livro foi composto com a fonte Calluna Sans. Sua capa foi impressa em papel Cartão Supremo 250g e seu miolo em papel Avena 80g. Livro impresso em outubro de 2022 pela Crivo Editorial.